| Dados Internacionais de Catalogação na Publicação (CIP) |
| (eDOC Brasil, Belo Horizonte/MG) |

	Instituto Brasileiro de Cultura.
I59h	Histórias bíblicas: novo testamento / Instituto Brasileiro de Cultura. – Barueri (SP): On Line, 2019.
	100 p. : il. ; 16 x 23 cm
	ISBN 978-85-432-2891-4
	1. Histórias bíblicas. I. Título.
	CDD 220.9505
	Elaborado por Maurício Amormino Júnior – CRB6/2422

TODOS OS DIREITOS RESERVADOS. NENHUMA PARTE DESTA PUBLICAÇÃO PODE SER REPRODUZIDA DE NENHUMA MANEIRA, SEJA ELETRÔNICA OU MECÂNICA, INCLUINDO XÉROX OU OUTRO MEIO, SEM AUTORIZAÇÃO PRÉVIA DO EDITOR.

CONSULTORIA PEDAGÓGICA: Izildinha H. Micheski

IBC – INSTITUTO BRASILEIRO DE CULTURA LTDA
CNPJ 04.207.648/0001-94
Avenida Juruá, 762 – Alphaville Industrial
CEP: 06455-907 – Barueri/SP
www.revistaonline.com.br

Presidente: Paulo Roberto Houch
MTB 0083982/SP

Editora: Priscilla Sipans
Redatora: Marianna Martin (tradução e adaptação)
(redacao@editoraonline.com.br)
Coordenador de Arte: Rubens Martim
Programador Visual: Rodrigo Luiz C. e Silva
Vendas: Tel.: (11) 3393-7723 (vendas@editoraonline.com.br)

Todos os direitos reservados.

1ª Impressão

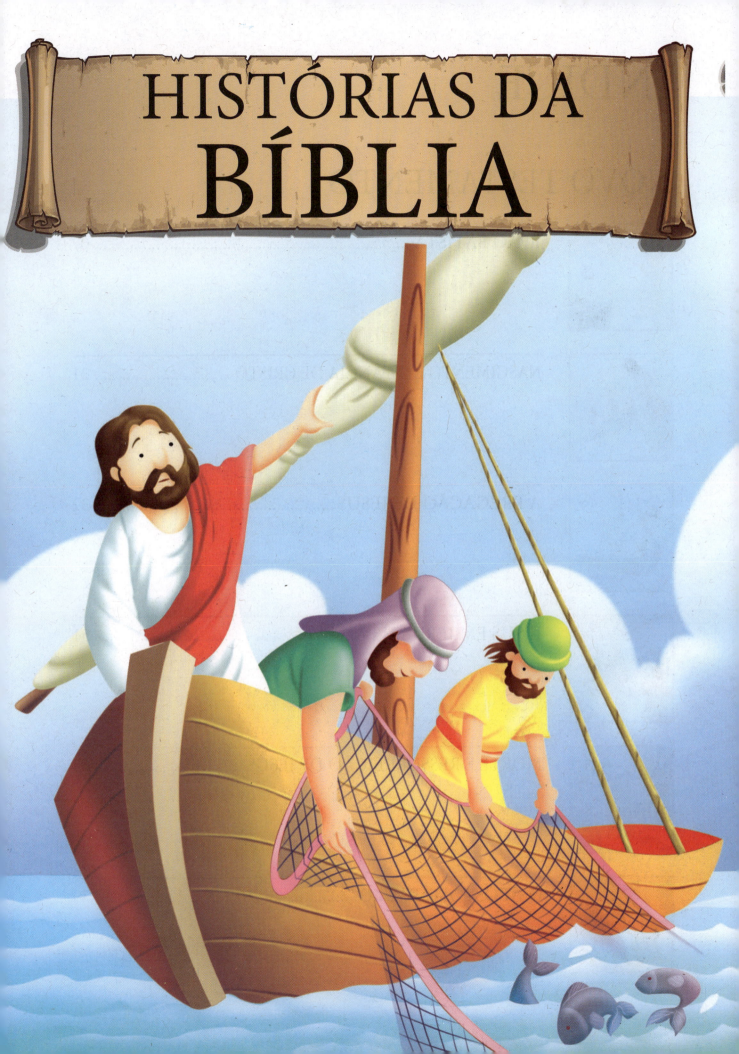

ÍNDICE

NOVO TESTAMENTO

JOÃO BATISTA 07

NASCIMENTO E INFÂNCIA DE CRISTO 21

A PREGAÇÃO DE JESUS 37

JESUS EM JERUSALÉM 51

MORTE E RESSURREIÇÃO DE JESUS 65

O APÓSTOLO PAULO 79

JOÃO BATISTA

No tempo do rei Herodes, vivia um homem chamado Zacarias com sua esposa, Isabel. Um dia, enquanto Zacarias queimava incenso no templo, ele viu um anjo. O anjo disse: "Zacarias, não temas, porque a tua oração foi ouvida, e Isabel, tua mulher, dará à luz um filho, e lhe porás o nome de João". Ele também explicou que seu filho teria um propósito especial na terra.

MESES MAIS TARDE, MARIA, GRÁVIDA, FOI VISITAR SUA PRIMA ISABEL, ESPOSA DE ZACARIAS. QUANDO MARIA ENCONTROU SUA PRIMA, ELA SENTIU O BEBÊ EM SUA BARRIGA SE MEXENDO.

ENTÃO, ISABEL DEU AS BOAS-VINDAS A MARIA. ELA ESTAVA MUITO ANIMADA COM O BEBÊ QUE ESPERAVA E FICOU FELIZ PORQUE A PROMESSA TRAZIDA PELO ANJO FOI CUMPRIDA.

COMO ZACARIAS HAVIA QUESTIONADO O ANJO PENSANDO QUE SERIA VELHO DEMAIS PARA TER UM FILHO, ELE HAVIA FICADO MUDO. ENTÃO, QUANDO O NENÉM NASCEU, ZACARIAS ESCREVEU EM UMA TÁBUA: "SEU NOME É JOÃO".

A CRIANÇA HAVIA SIDO ESCOLHIDA POR DEUS PARA UMA MISSÃO ESPECIAL: PREPARAR OS CORAÇÕES DO POVO E ANUNCIAR A VINDA DO MESSIAS.

JOÃO CRESCEU E COMEÇOU A ENSINAR O MUNDO SOBRE A PALAVRA DE DEUS EM VOLTA DO RIO JORDÃO. ELE PROCLAMOU O BATISMO PARA PERDÃO DOS PECADOS.

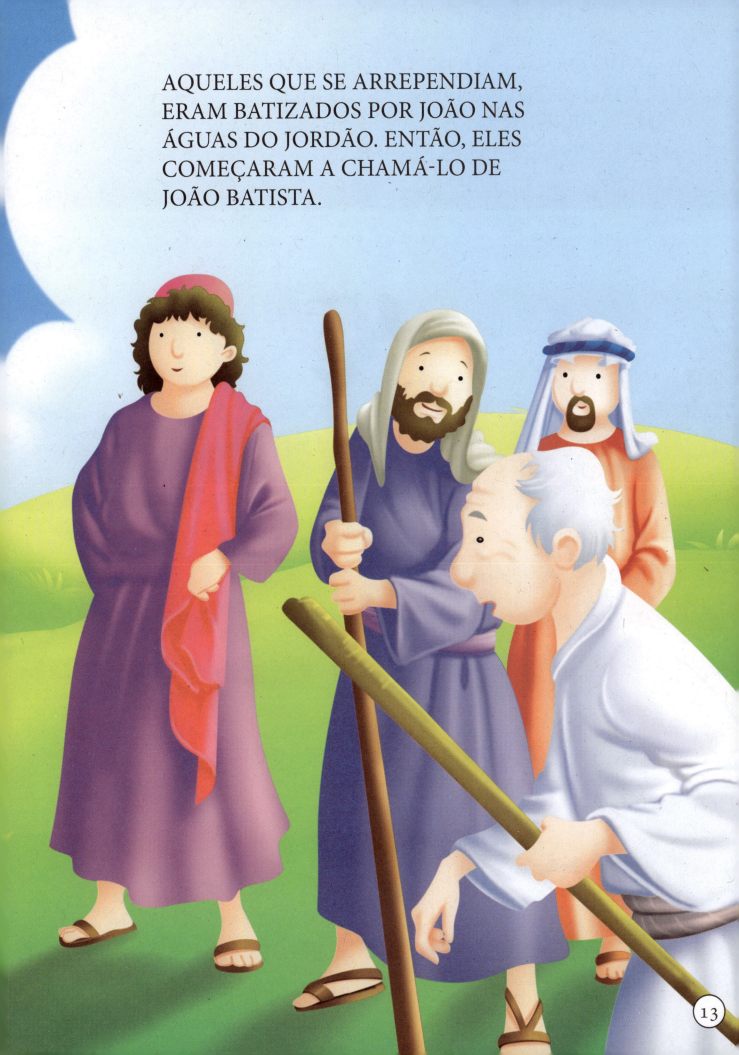

QUANDO OS SACERDOTES SOUBERAM QUE JOÃO BATIZAVA PESSOAS NO RIO JORDÃO, PERGUNTARAM A ELE SE ELE ERA O ESCOLHIDO QUE SALVARIA ISRAEL.

QUANDO BATIZAVA, POR IMERSÃO, JOÃO PREGAVA A PALAVRA DE DEUS. "O QUE DEVEMOS FAZER?", PERGUNTAVAM TODOS. "QUEM TIVER DUAS TÚNICAS, REPARTA COM O QUE NÃO TEM, E QUEM TIVER ALIMENTOS, FAÇA DA MESMA MANEIRA."

JESUS CRISTO FOI AO RIO JORDÃO PARA SER BATIZADO POR JOÃO. "SOU EU QUEM DEVERIA SER BATIZADO POR TI, E TU VENS A MIM?", DISSE JOÃO. "DEIXA POR AGORA, PORQUE ASSIM NOS CONVÉM CUMPRIR TODA A JUSTIÇA", RESPONDEU JESUS.

ASSIM QUE JESUS FOI BATIZADO E SAÍA DAS ÁGUAS, ABRIU-SE OS CÉUS E O ESPÍRITO SANTO VEIO SOBRE ELE, COMO UMA POMBA. UMA VOZ DO CÉU FOI OUVIDA: "ESTE É O MEU FILHO AMADO."

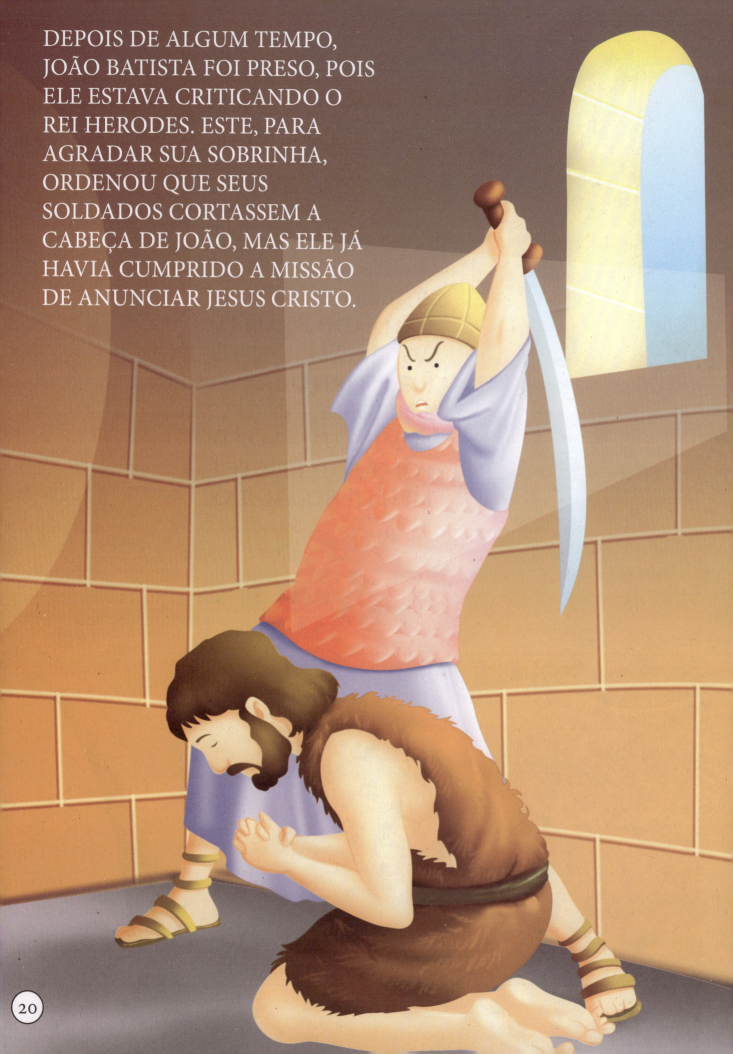

DEPOIS DE ALGUM TEMPO, JOÃO BATISTA FOI PRESO, POIS ELE ESTAVA CRITICANDO O REI HERODES. ESTE, PARA AGRADAR SUA SOBRINHA, ORDENOU QUE SEUS SOLDADOS CORTASSEM A CABEÇA DE JOÃO, MAS ELE JÁ HAVIA CUMPRIDO A MISSÃO DE ANUNCIAR JESUS CRISTO.

NASCIMENTO E INFÂNCIA DE CRISTO

UMA JOVEM CHAMADA MARIA VIVIA EM NAZARÉ. ELA HAVIA SIDO PROMETIDA PARA SE CASAR COM JOSÉ. UM DIA, O ANJO GABRIEL APARECEU EM SUA FRENTE E ANUNCIOU QUE, COM A GRAÇA DO ESPÍRITO SANTO, ELA DARIA À LUZ UM FILHO QUE CONQUISTARIA O MUNDO COMO FILHO DE DEUS.

QUANDO JOSÉ SOUBE QUE MARIA ESTAVA GRÁVIDA, ELE DECIDIU NÃO SE CASAR COM ELA. UM ANJO APARECEU EM SEU SONHO E DISSE: "NÃO TEMAS RECEBER A MARIA, TUA MULHER, PORQUE O QUE NELA ESTÁ GERADO É DO ESPÍRITO SANTO. DARÁ À LUZ UM FILHO E CHAMARÁS O SEU NOME JESUS, PORQUE ELE SALVARÁ O SEU POVO DOS SEUS PECADOS". QUANDO JOSÉ ACORDOU, ELE FEZ O QUE O ANJO MANDOU.

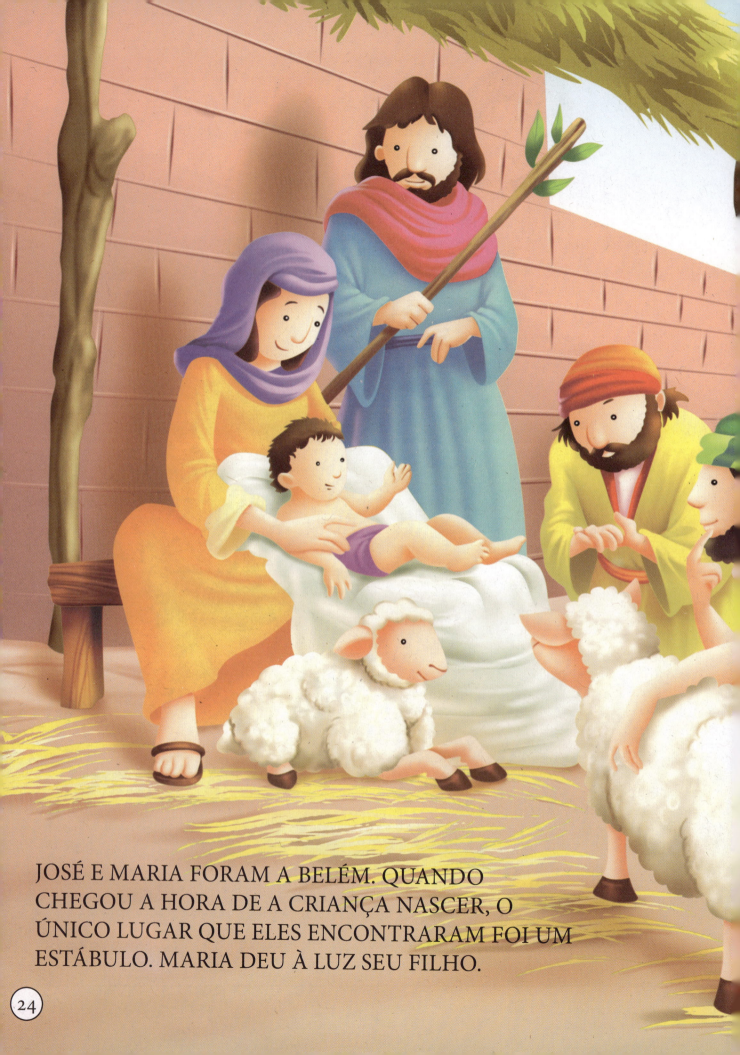

JOSÉ E MARIA FORAM A BELÉM. QUANDO CHEGOU A HORA DE A CRIANÇA NASCER, O ÚNICO LUGAR QUE ELES ENCONTRARAM FOI UM ESTÁBULO. MARIA DEU À LUZ SEU FILHO.

O ANJO ANUNCIOU A ALGUNS PASTORES QUE O FILHO DE DEUS HAVIA NASCIDO E QUE ELES TERIAM QUE ENCONTRÁ-LO ENVOLTO EM PANOS E DEITADO NUMA MANJEDOURA. QUANDO ELES CHEGARAM EM BELÉM E O ENCONTRARAM, TODOS AGRADECERAM A DEUS.

TRÊS HOMENS SÁBIOS DO LESTE FORAM À JERUSALÉM E PERGUNTARAM: "ONDE ESTÁ AQUELE QUE É NASCIDO REI DOS JUDEUS? PORQUE VIMOS A SUA ESTRELA NO ORIENTE, E VIEMOS A ADORÁ-LO."

ELES SEGUIRAM A ESTRELA, QUE OS LEVOU AO ESTÁBULO EM QUE ESTAVA O BEBÊ. ELES CHEGARAM PARA ADORÁ-LO E OFERECERAM PRESENTES DE OURO, INCENSO E MIRRA.

O ANJO DO SENHOR MAIS UMA VEZ AVISOU JOSÉ EM UM SONHO: "LEVANTA-TE, E TOMA O MENINO E SUA MÃE, E FOGE PARA O EGITO, E DEMORA-TE LÁ ATÉ QUE EU TE DIGA, PORQUE HERODES HÁ DE PROCURAR O MENINO PARA O MATAR."

ENQUANTO ISSO, HERODES ESTAVA TOMADO POR INVEJA AO SABER DO NASCIMENTO DE JESUS, ANUNCIADO PELOS PROFETAS. RAIVOSO, ELE ORDENOU QUE SEUS SOLDADOS MATASSEM TODAS AS CRIANÇAS COM MENOS DE DOIS ANOS DE IDADE VIVENDO EM BELÉM.

TODA A CIDADE FOI DEVASTADA. O MEDO DE HERODES FORÇOU O POVO A CHAMÁ-LO DE "REI DOS JUDEUS".

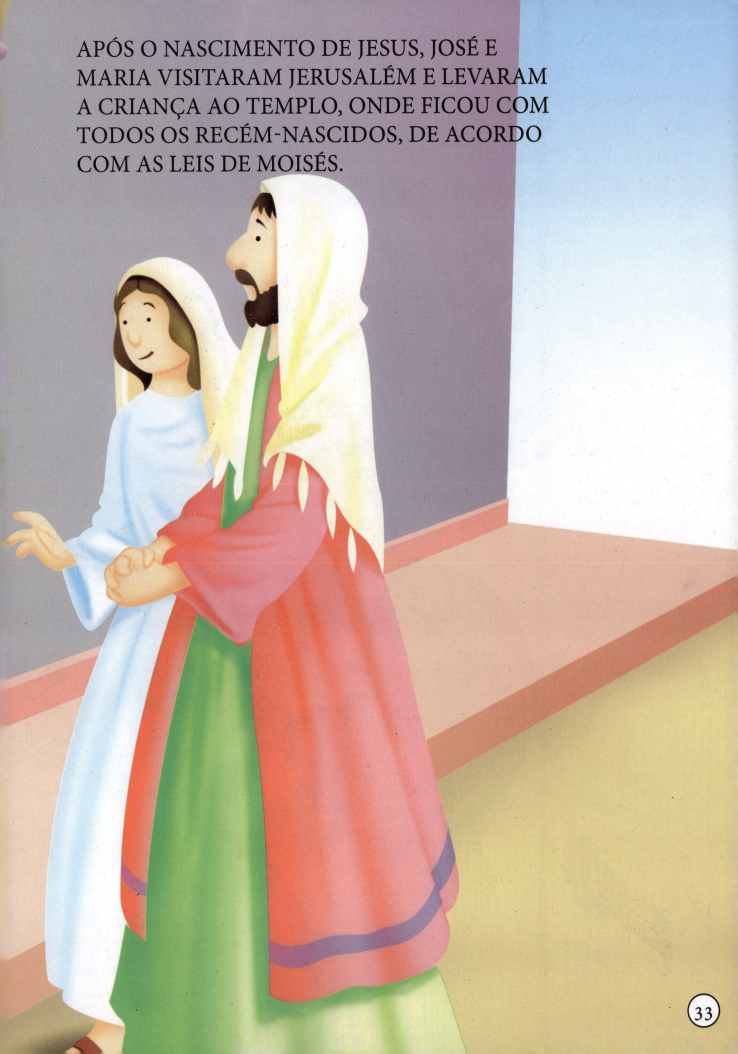

APÓS O NASCIMENTO DE JESUS, JOSÉ E MARIA VISITARAM JERUSALÉM E LEVARAM A CRIANÇA AO TEMPLO, ONDE FICOU COM TODOS OS RECÉM-NASCIDOS, DE ACORDO COM AS LEIS DE MOISÉS.

QUANDO HERODES MORREU, O ANJO DO SENHOR REAPARECEU NOS SONHOS DE JOSÉ, QUE ESTAVA NO EGITO. ELE PEDIU QUE JOSÉ VOLTASSE A ISRAEL COM MARIA E SEU FILHO. JUNTOS, ELES VOLTARAM A NAZARÉ.

QUANDO JESUS TINHA DOZE ANOS, JOSÉ E MARIA O LEVARAM A JERUSALÉM PARA CELEBRAR A PÁSCOA. VOLTANDO PARA NAZARÉ, JOSÉ E MARIA PERCEBERAM QUE JESUS TINHA FICADO PARA TRÁS. AO VOLTAREM AO TEMPLO, ENCONTRARAM O MENINO CONVERSANDO COM OS SACERDOTES, QUE FICARAM SURPRESOS COM SUA SABEDORIA E PERCEBERAM QUE ELE ERA ESCOLHIDO POR DEUS.

A PREGAÇÃO DE JESUS

JESUS PREGAVA POR TODA A GALILEIA. UM DIA, QUANDO ELE ESTAVA EM UM BARCO, DISSE AOS PESCADORES QUE LANÇASSEM AS REDES. NO MESMO MOMENTO, AS REDES SE ENCHERAM DE PEIXES. OS PESCADORES ABANDONARAM TUDO PARA SEGUI-LO, CHEIOS DE FÉ. ERAM OS PRIMEIROS DISCÍPULOS, SIMÃO, CHAMADO PEDRO, E ANDRÉ.

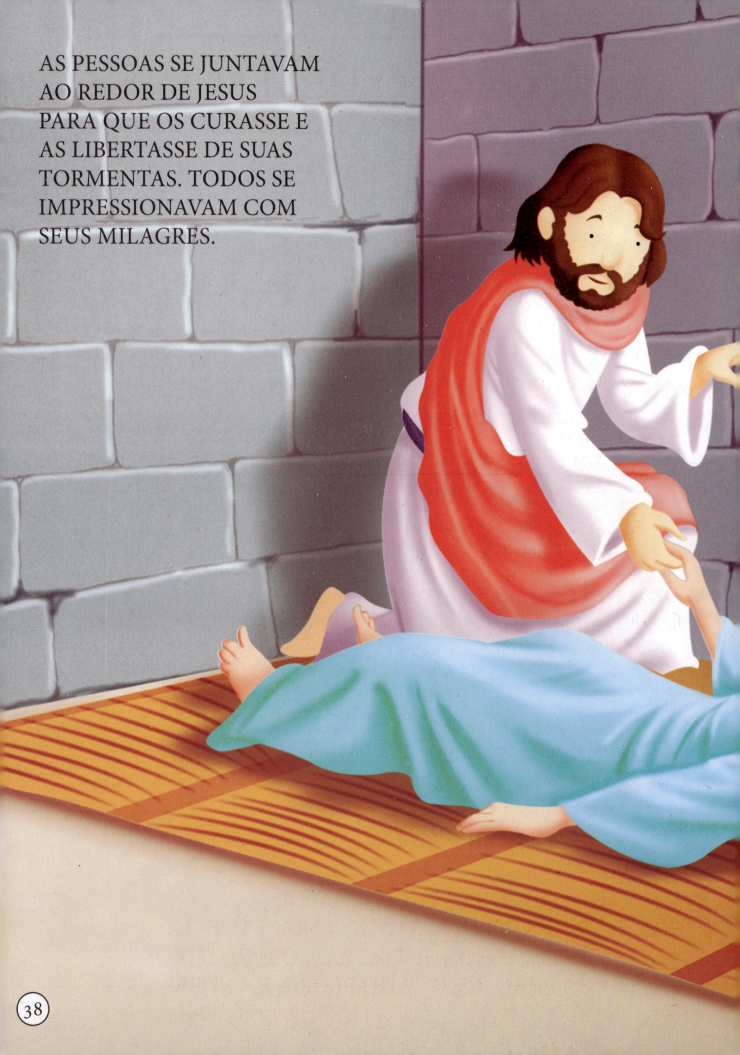

AS PESSOAS SE JUNTAVAM AO REDOR DE JESUS PARA QUE OS CURASSE E AS LIBERTASSE DE SUAS TORMENTAS. TODOS SE IMPRESSIONAVAM COM SEUS MILAGRES.

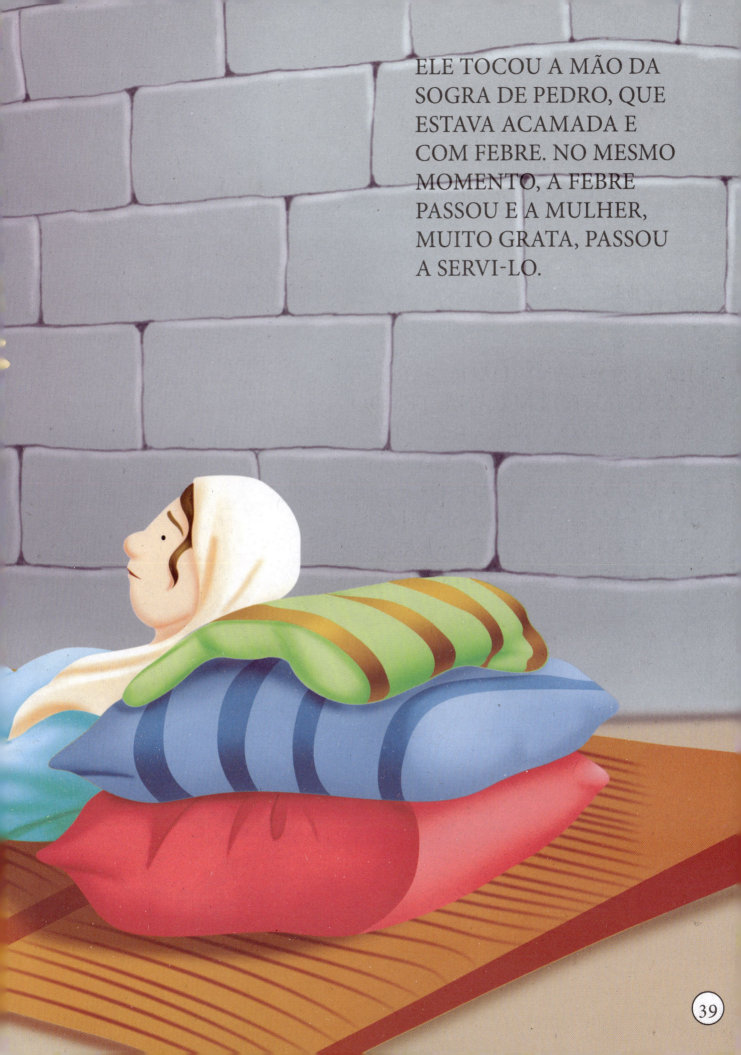

ELE TOCOU A MÃO DA SOGRA DE PEDRO, QUE ESTAVA ACAMADA E COM FEBRE. NO MESMO MOMENTO, A FEBRE PASSOU E A MULHER, MUITO GRATA, PASSOU A SERVI-LO.

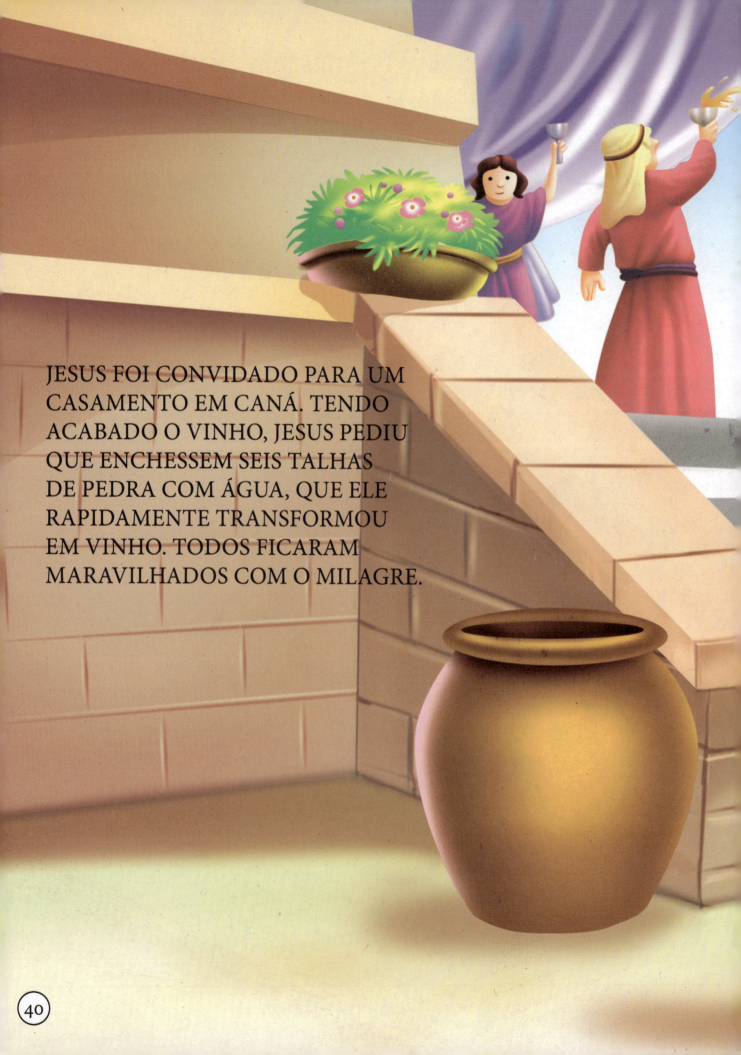

JESUS FOI CONVIDADO PARA UM CASAMENTO EM CANÁ. TENDO ACABADO O VINHO, JESUS PEDIU QUE ENCHESSEM SEIS TALHAS DE PEDRA COM ÁGUA, QUE ELE RAPIDAMENTE TRANSFORMOU EM VINHO. TODOS FICARAM MARAVILHADOS COM O MILAGRE.

JESUS ENSINOU SEUS DISCÍPULOS A FAZER PREGAÇÕES. "SEJAM PRUDENTES COMO AS SERPENTES E SIMPLES COMO AS POMBAS. POR MINHA CAUSA VOCÊS SERÃO LEVADOS À PRESENÇA DE GOVERNADORES E REIS COMO TESTEMUNHAS. MAS QUANDO OS PRENDEREM, NÃO SE PREOCUPEM QUANTO AO QUE DIZER. O ESPÍRITO DO PAI FALARÁ POR INTERMÉDIO DE VOCÊS."

UM DIA, JESUS ESTAVA EM UMA MONTANHA CERCADO POR MUITAS PESSOAS. ELE DISSE: "TENHO COMPAIXÃO DESTA MULTIDÃO. JÁ FAZ TRÊS DIAS QUE ELES ESTÃO COMIGO E NADA TÊM PARA COMER."

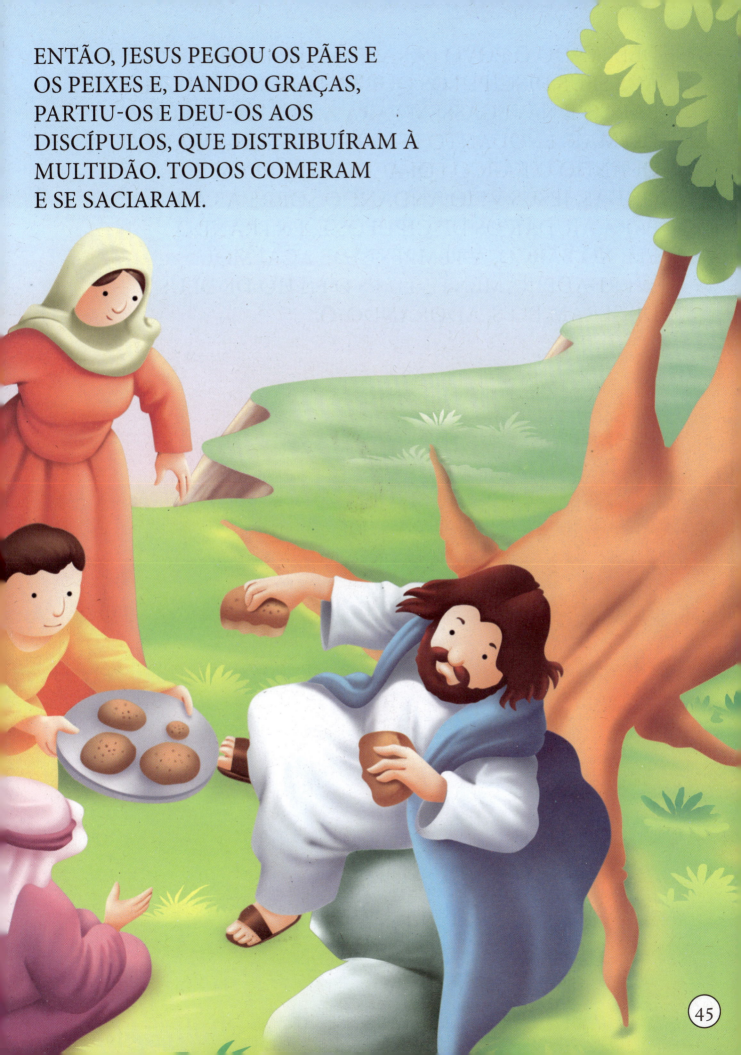

ENTÃO, JESUS PEGOU OS PÃES E OS PEIXES E, DANDO GRAÇAS, PARTIU-OS E DEU-OS AOS DISCÍPULOS, QUE DISTRIBUÍRAM À MULTIDÃO. TODOS COMERAM E SE SACIARAM.

DEIXANDO O POVO PARA TRÁS, JESUS PEDIU AOS SEUS DISCÍPULOS QUE ENTRASSEM EM UM BARCO E NAVEGASSEM PARA A OUTRA MARGEM DO MAR, ENQUANTO ELE PERMANECIA ORANDO. QUANDO O BARCO FOI AÇOITADO PELAS ONDAS, JESUS VEIO ANDANDO SOBRE AS ÁGUAS PARA AJUDAR OS DISCÍPULOS E, ENTRANDO ELE NO BARCO, A TEMPESTADE ACALMOU. "VERDADEIRAMENTE TU ÉS O FILHO DE DEUS", DISSERAM ELES, ADORANDO-O.

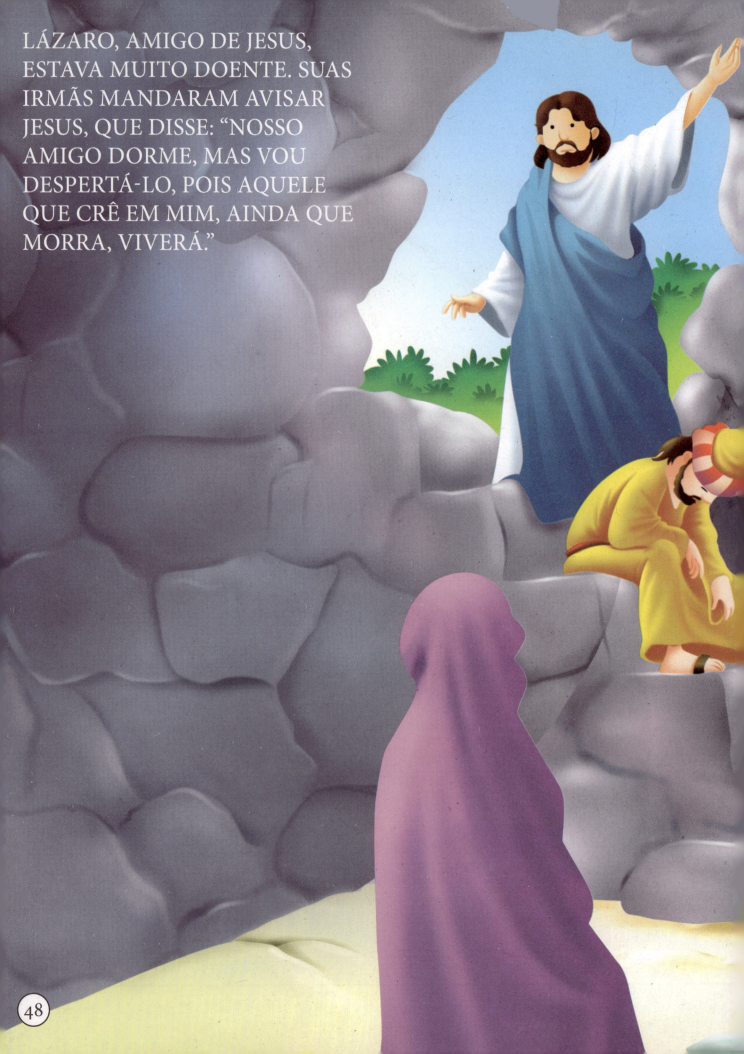

LÁZARO, AMIGO DE JESUS, ESTAVA MUITO DOENTE. SUAS IRMÃS MANDARAM AVISAR JESUS, QUE DISSE: "NOSSO AMIGO DORME, MAS VOU DESPERTÁ-LO, POIS AQUELE QUE CRÊ EM MIM, AINDA QUE MORRA, VIVERÁ."

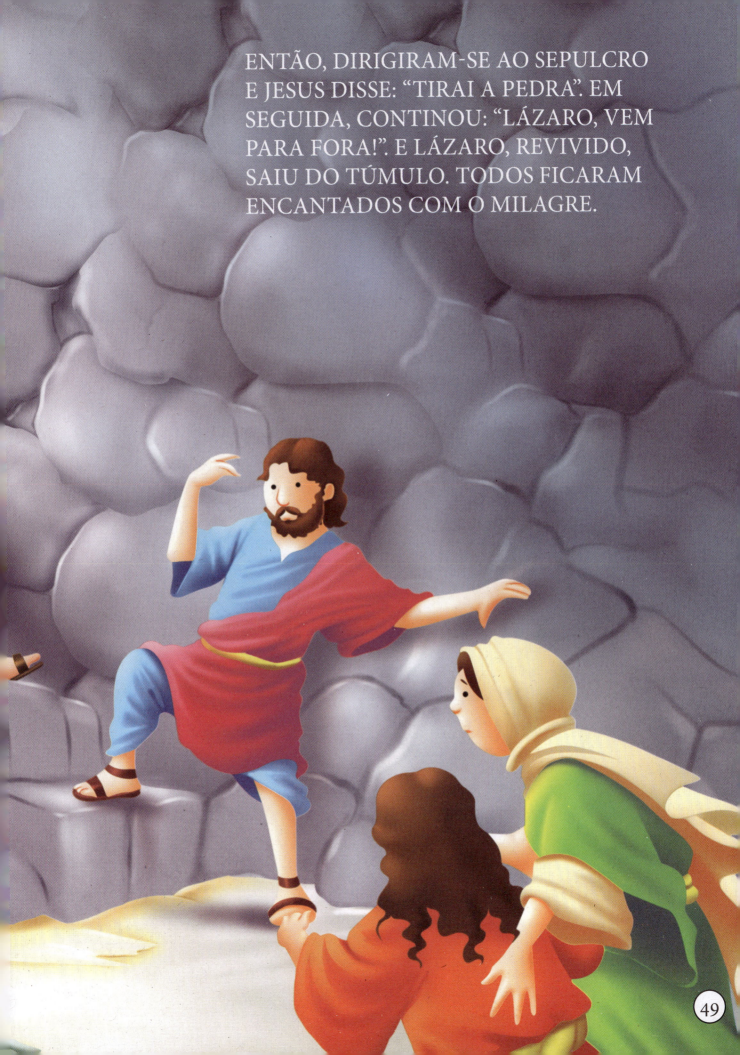

JESUS TAMBÉM CURAVA OS CEGOS. UM DIA, ELE VIU UM HOMEM CEGO NA RUA. COM SUA SALIVA MISTURADA À TERRA DO CHÃO, ELE FEZ LAMA E PASSOU NOS OLHOS DO HOMEM. DEPOIS, ELE LAVOU SEUS OLHOS E PERCEBEU QUE PODIA ENXERGAR. A CEGUEIRA ESTAVA CURADA!

JESUS EM JERUSALÉM

ENTRANDO EM JERUSALÉM MONTADO NUM JUMENTINHO, A MULTIDÃO RECEBEU JESUS ESTENDENDO MANTOS E RAMOS DE ÁRVORES. "BENDITO É O QUE VEM EM NOME DO SENHOR!", GRITAVA O POVO.

O SALVADOR NUNCA PERMITIU QUE SEUS SEGUIDORES O TRATASSEM COMO REI, MAS, DESTA VEZ, ELE QUERIA MOSTRAR AO MUNDO QUE ERA O REDENTOR.

ENTÃO, JESUS FOI AO TEMPLO E, AO CHEGAR LÁ, ENCONTROU VENDEDORES E CAMBISTAS. IMEDIATAMENTE, EXPULSOU TODOS QUE ESTAVAM COMPRANDO E VENDENDO. "A MINHA CASA SERÁ CHAMADA CASA DE ORAÇÃO, MAS VOCÊS ESTÃO FAZENDO DELA UM COVIL DE LADRÕES", DISSE O SENHOR.

MUITOS FARISEUS PRESENCIARAM A CENA E FICARAM INDIGNADOS. ELES PERCEBERAM QUE ESTAVAM PERDENDO O CONTROLE DO POVO, POIS NÃO CONSEGUIAM MAIS SILENCIÁ-LO COM AUTORIDADE. AS AMEAÇAS E OS APELOS SÓ AUMENTAVAM O ENTUSIASMO DOS ADORADORES DE JESUS. PERCEBENDO QUE NÃO PODIAM CONTROLAR A MULTIDÃO, OS FARISEUS CAMINHARAM EM DIREÇÃO A JESUS E DISSERAM: "MESTRE, REPREENDE OS TEUS DISCÍPULOS". ELES DECLARARAM QUE AQUELE TUMULTO ERA CONTRA AS LEIS E NÃO SERIA PERMITIDO.

JESUS SABIA QUE MUITOS JUDEUS E FARISEUS ESTAVAM CONTRA ELE E QUE LOGO SERIA PRESO. POR ISSO, DECIDIU CELEBRAR A PÁSCOA COM UMA CEIA AO LADO DE SEUS DISCÍPULOS. SABENDO QUE SERIA A ÚLTIMA, JESUS PEGOU O PÃO, ABENÇOOU E DISTRIBUIU, DIZENDO: "ESTE É O MEU CORPO". DA MESMA FORMA, TOMOU O CÁLICE DE VINHO E CONCLUIU: "ESTE É O CÁLICE DA NOVA ALIANÇA NO MEU SANGUE DERRAMADO POR VÓS. COMAM E BEBAM EM MEMÓRIA DE MIM."

DURANTE A CEIA, JESUS LEVANTOU-SE E, TOMANDO UMA TOALHA E UMA BACIA, COMEÇOU A LAVAR OS PÉS DOS DISCÍPULOS. ELE QUERIA ENSINÁ-LOS A SEREM HUMILDES E A SERVIREM O PRÓXIMO.

APÓS A CEIA, JESUS E SEUS DISCÍPULOS FORAM ORAR NO MONTE DAS OLIVEIRAS. JESUS AJOELHOU E OROU, PEDINDO AO PAI QUE, SE POSSÍVEL, O AJUDASSE. ENTÃO, UM ANJO DO CÉU O CONFORTOU. LEVANTANDO-SE, VIU QUE OS DISCÍPULOS DORMIAM.

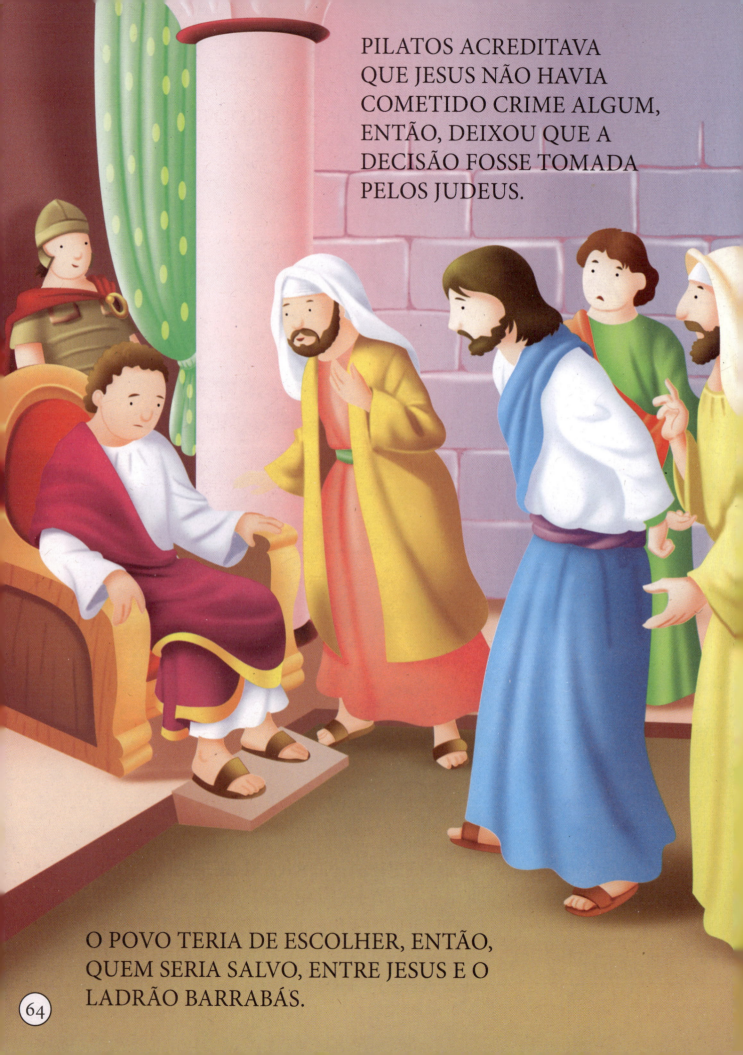

PILATOS ACREDITAVA QUE JESUS NÃO HAVIA COMETIDO CRIME ALGUM, ENTÃO, DEIXOU QUE A DECISÃO FOSSE TOMADA PELOS JUDEUS.

O POVO TERIA DE ESCOLHER, ENTÃO, QUEM SERIA SALVO, ENTRE JESUS E O LADRÃO BARRABÁS.

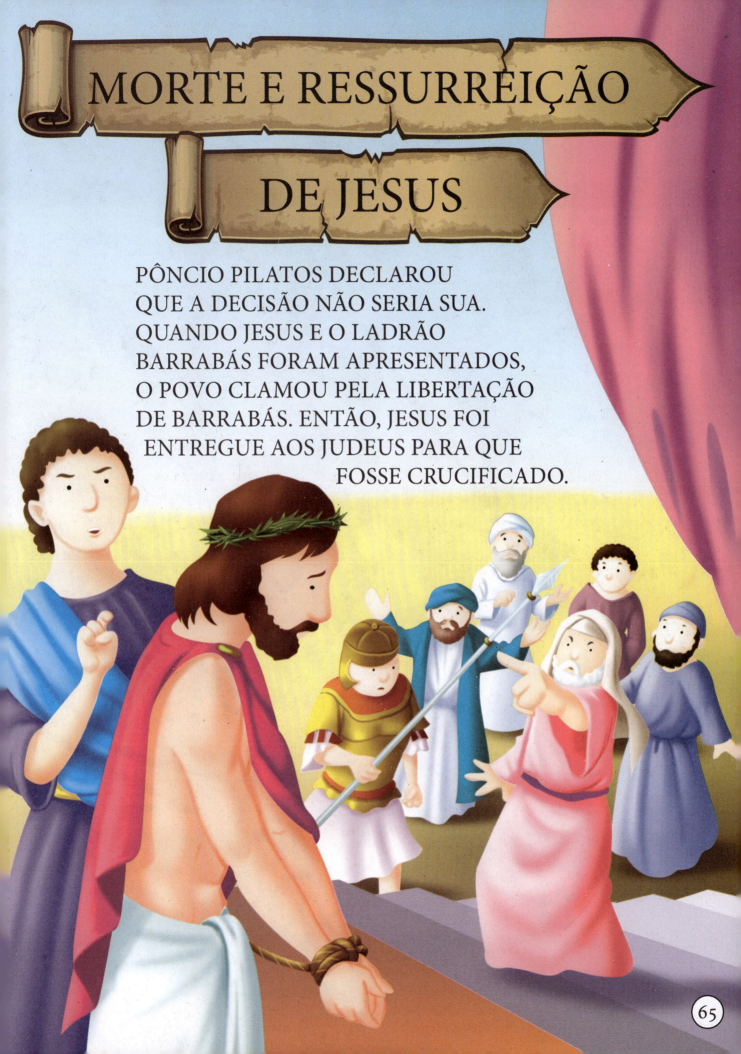

MORTE E RESSURREIÇÃO DE JESUS

PÔNCIO PILATOS DECLAROU QUE A DECISÃO NÃO SERIA SUA. QUANDO JESUS E O LADRÃO BARRABÁS FORAM APRESENTADOS, O POVO CLAMOU PELA LIBERTAÇÃO DE BARRABÁS. ENTÃO, JESUS FOI ENTREGUE AOS JUDEUS PARA QUE FOSSE CRUCIFICADO.

QUANDO OS SOLDADOS SE CANSARAM DE TORTURÁ-LO, JESUS FOI LEVADO POR JERUSALÉM ATÉ O MONTE CALVÁRIO COM A CRUZ. MUITAS MULHERES FORAM VER O SALVADOR E NÃO CONSEGUIAM PARAR DE CHORAR ENQUANTO ELE LEVAVA A CRUZ NAS COSTAS. JESUS TENTOU CONSOLÁ-LAS.

OS SOLDADOS TIRARAM-LHE A ROUPA DE PÚRPURA E O VESTIRAM COM SUAS PRÓPRIAS ROUPAS. CHEGANDO AO MONTE, PREGARAM-NO NA CRUZ. NELA ESTAVA ESCRITO: "ESTE É JESUS, O REI DOS JUDEUS".

DOIS LADRÕES E JESUS FORAM CRUCIFICADOS. UM DELES DISSE: "VOCÊ NÃO É O CRISTO? SALVE-SE A SI MESMO E A NÓS". O OUTRO LADRÃO RESPONDEU: "NÓS ESTAMOS SENDO PUNIDOS COM JUSTIÇA, PORQUE ESTAMOS RECEBENDO O QUE OS NOSSOS ATOS MERECEM. MAS ESTE HOMEM NÃO COMETEU NENHUM MAL".
JESUS, ENTÃO, LHES DISSE: "EU LHES GARANTO: HOJE VOCÊS ESTARÃO COMIGO NO PARAÍSO".

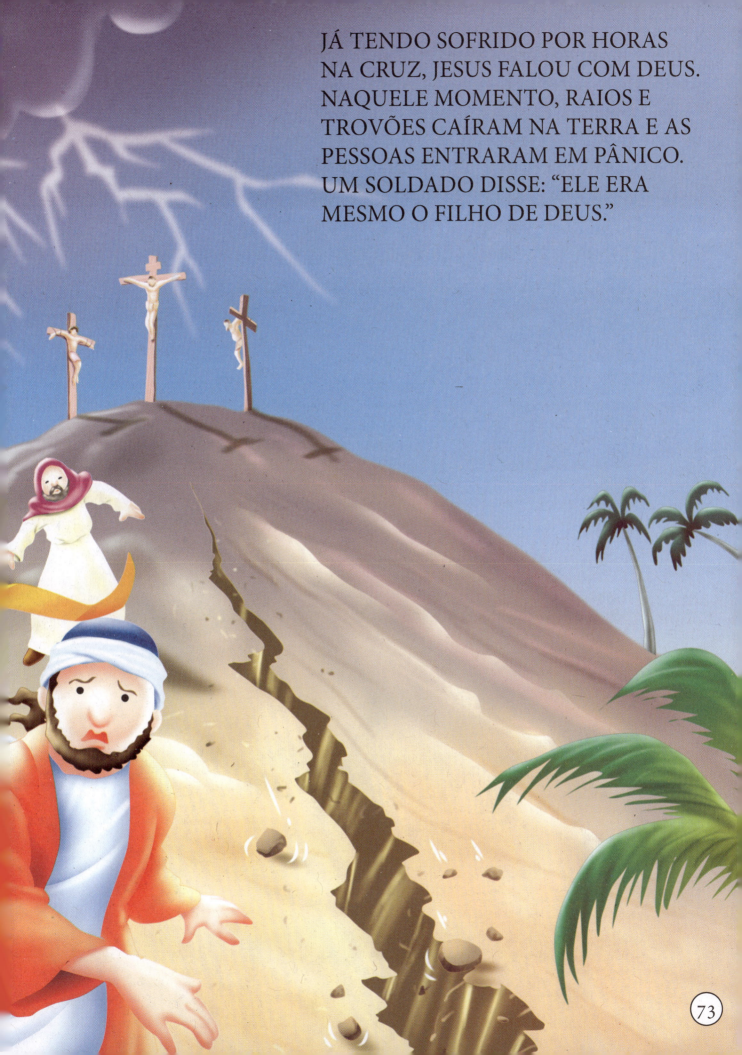

JOSÉ, UM DISCÍPULO, FOI À PILATOS PEDIR O CORPO DE JESUS. ENTÃO, ELE O LAVOU E O ENVOLVEU EM UM LENÇOL LIMPO, PARA DEPOIS COLOCÁ-LO EM UMA TUMBA. AS MULHERES QUE HAVIAM SEGUIDO JESUS DA GALILEIA ATÉ JERUSALÉM NÃO PARAVAM DE CHORAR. A ENTRADA DA TUMBA FOI FECHADA COM UMA GRANDE PEDRA, COM SEGURANÇAS ÀS PORTAS, PENSANDO EVITAR QUE O CORPO FOSSE FURTADO PARA DIZEREM QUE JESUS RESSUSCITARA.

NO TERCEIRO DIA APÓS A MORTE DE JESUS, UM ANJO DE DEUS RETIROU A PEDRA QUE FECHAVA A TUMBA. OS GUARDAS DESMAIARAM DE MEDO E AS MULHERES ENTRARAM E ENCONTRARAM DOIS ANJOS, QUE DISSERAM: "NÃO TENHAM MEDO! QUEM VOCÊS ESTÃO PROCURANDO NÃO ESTÁ AQUI. JESUS RESSUSCITOU E ESTÁ INDO ADIANTE DE VOCÊS PARA A GALILEIA".

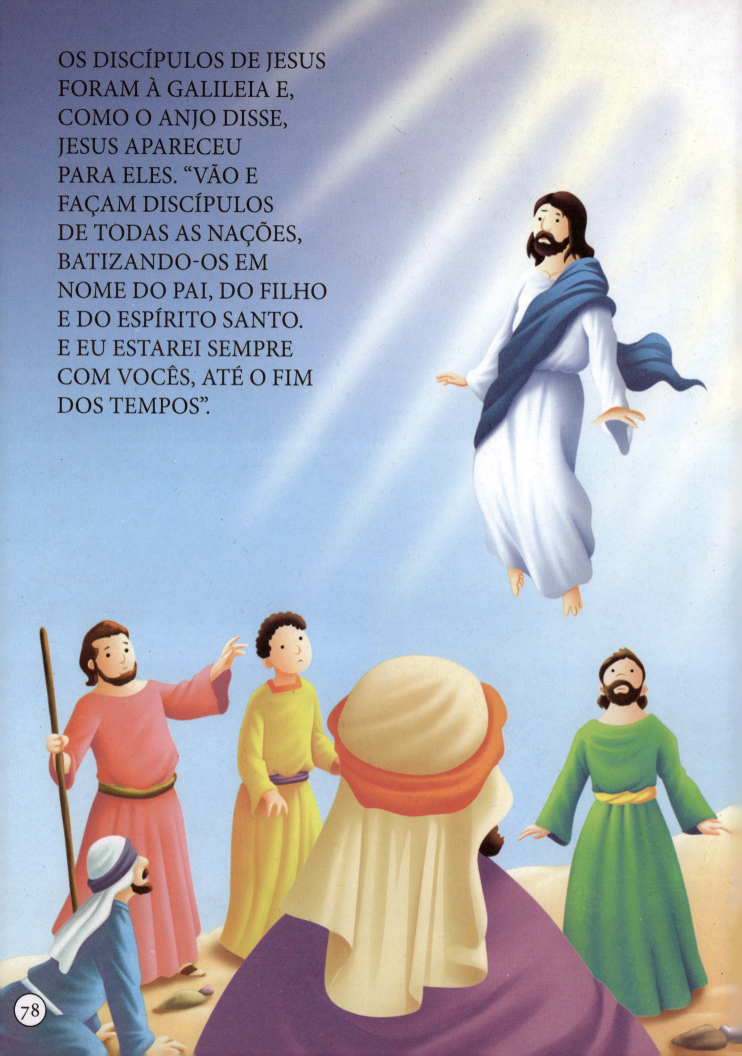

O APÓSTOLO PAULO

ANTES DE SE TORNAR UM DISCÍPULO DE JESUS, PAULO FAZIA TUDO QUE PODIA PARA ACABAR COM O CRISTIANISMO. SEU NOME ERA SAULO. UM DIA, NO CAMINHO PARA DAMASCO, ELE FOI BANHADO POR UMA LUZ DO CÉU, QUE O CEGOU. SAULO OUVIU A VOZ DE JESUS, QUE O MANDOU ENTRAR NA CIDADE.

ENQUANTO ISSO, EM DAMASCO, JESUS DISSE PARA O DISCÍPULO ANANIAS QUE ENCONTRASSE SAULO E QUE, EM NOME DE JESUS, LHE IMPUSESSE AS MÃOS PARA QUE VOLTASSE A VER. ASSIM ACONTECEU QUE ELE FOI BATIZADO E, CHEIO DO ESPÍRITO SANTO, TORNOU-SE O NOVO DISCÍPULO DE JESUS.

DESDE ENTÃO, SAULO COMEÇOU A PREGAR A PALAVRA DE DEUS. OS JUDEUS QUE VIVIAM EM DAMASCO QUERIAM MATÁ-LO E ELE FOI FORÇADO A FUGIR PARA JERUSALÉM, ONDE ENCONTROU BARNABÉ. JUNTOS, ELES FIZERAM A PRIMEIRA VIAGEM A ANTIOQUIA E CHIPRE, PARA FAZER AS PREGAÇÕES CRISTÃS. SAULO MUDOU SEU NOME PARA PAULO.

EM ALGUNS LUGARES, OS JUDEUS OS PERSEGUIAM E ELES TINHAM QUE IR EMBORA, MAS, EM OUTROS, ELES ERAM MUITO BEM RECEBIDOS.

NA SUA SEGUNDA JORNADA, PAULO LEVOU SILAS COMO COMPANHIA E FOI À MACEDÔNIA. QUANDO ESTAVAM EM FILIPOS, OS DOIS FORAM ACUSADOS DE CRIAR CONFUSÃO NA CIDADE COM AS PALAVRAS QUE PREGAVAM.

OS GUARDAS BATERAM NELES E OS COLOCARAM NA CADEIA.

PERTO DA MEIA-NOITE, PAULO E SILAS ORAVAM E CANTAVAM HINOS A DEUS. DE REPENTE, HOUVE UM TERREMOTO QUE ABRIU TODAS AS PORTAS DA PRISÃO. O GUARDIÃO PENSOU QUE OS PRISIONEIROS HAVIAM ESCAPADO E ESTAVA PRESTES A SE SUICIDAR, QUANDO PAULO O IMPEDIU. ENTÃO, ELES FORAM LIBERTOS E O CARCEREIRO CREU NO SENHOR JESUS.

PAULO E SILAS FORAM SOLTOS E CONTINUARAM SUA VIAGEM À GRÉCIA. EM ATENAS, PAULO EXPLICOU AO POVO QUE AS ESTÁTUAS DE DEUSES ESPALHADAS PELA CIDADE ERAM FALSOS ÍDOLOS. ELE LHES CONTOU SOBRE O VERDADEIRO DEUS.

EM SUA PRIMEIRA JORNADA, PAULO FOI A ÉFESO. LÁ, ELE ENCONTROU PESSOAS QUE HAVIAM SIDO BATIZADAS POR JOÃO BATISTA, MAS QUE NÃO CONHECIAM O ESPÍRITO SANTO.

PAULO, ENTÃO, IMPÔS AS MÃOS SOBRE AS CABEÇAS DAS PESSOAS E ELAS FORAM BATIZADAS COM O ESPÍRITO SANTO, FALANDO EM LÍNGUAS E PROFETIZANDO.

PAULO DEDICOU A VIDA A PREGAR A PALAVRA DE DEUS EM LONGAS VIAGENS. ELE TAMBÉM ESCREVEU VÁRIAS CARTAS AOS CRISTÃOS FALANDO SOBRE TODOS OS LUGARES QUE HAVIA VISITADO PARA DESPERTAR A FÉ DAS PESSOAS EM CRISTO.